WORKBOOK

놀며 배우는

한국말

연세대학교 언어연구교육원
한국어교사연수소 편

연세대학교 대학출판문화원

1

그림을 보고 쓰세요.

1.

아기

2.

아버지

3.

아이

4.

아저씨

5.

야채

6.

야옹

7.

야구

8.

야호

9.

어머니

10.

어디

11.

어깨

12.

어린이

13.

여자

14.

여우

15.

6

여섯

16.

8

여덟

쓰세요.

안	녕	하	세	요	?		
안	녕	하	세	요	?		
네	,	안	녕	하	세	요	?
네	,	안	녕	하	세	요	?

인사하세요.

안녕하세요?

선생님, 안녕하세요?

안녕히 가세요.

______________.

안녕히 가세요.

______________.

안녕.

_____.

2

그림을 보고 쓰세요.

1.  오이

2.  오빠

3.  오징어

4.  오리

5.  요요

6.  요술

7.  요리사

8.  요정

9.

우유

10.

우산

11.

우물

12.

우리집

13.

유리

14.

유령

15.

유모차

16.

유월

쓰세요.

누	구	예	요	?			
누	구	예	요	?			
수	지	예	요	.			
수	지	예	요	.			

맞는 것에 ○표 하세요.

톰예요.( )
톰이에요.(O)

미나예요.( )
미나이에요.( )

제인예요.( )
제인이에요.( )

준호예요.( )
준호이에요.( )

이름이 뭐예요?

수퍼맨이에요.

링컨________

피노키오________

워싱턴________

김미나________

피터팬________

이준호________

이순신________

누구예요?

할아버지, 할머니, 아버지, 어머니, 형, 누나

아버지, 어머니, 언니, 오빠, 나

3

그림을 보고 쓰세요.

1.  으르렁

2.  으악

3.  으뜸

4.  으쓱

5.  이름

6.  이

7.  이쑤시개

8.  이불

쓰세요.

이	게		뭐	예	요	?	
이	게		뭐	예	요	?	
고	양	이	예	요	.		
고	양	이	예	요	.		

맞는 것에 O표 하세요.

(이게 그게 저게) 뭐예요?
모자예요.

(이게 그게 저게) 뭐예요?
달이예요.

(이게 그게 저게) 뭐예요?
우산이예요.

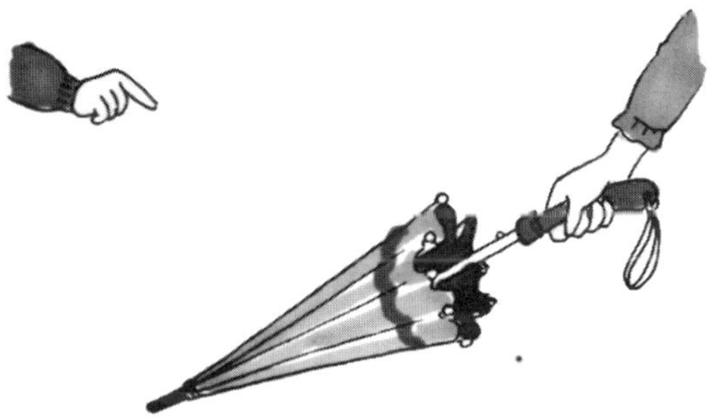

(이게 그게 저게) 뭐예요?
거울이예요.

(이게 그게 저게) 뭐예요?
연이에요.

(이게 그게 저게) 뭐예요?
저금통이에요.

쓰세요.

아							
야							
어							
여							
오							
요							
우							
유							
으							
이							

4

그림을 보고 쓰세요.

1.  가족

2.  가방

3.  가위

4.  가게

5.  나

6.  나비

7.  나이테

8.  나무

9.

다리

10.

다람쥐

11.

다리미

12.

다시마

13.

라면

14.

라디오

15.

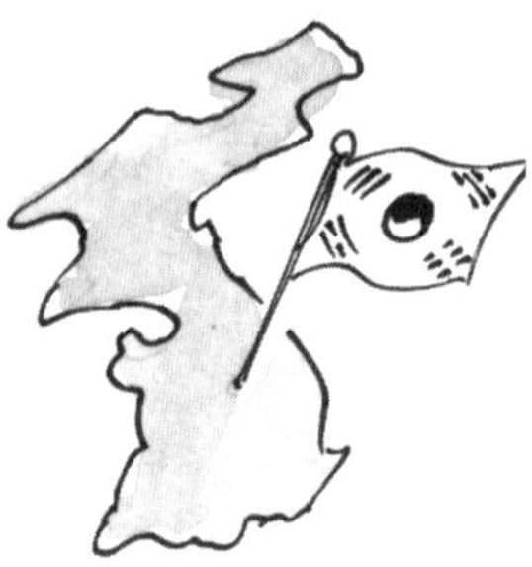

나라

16.

해바라기

쓰세요.

공이 있어요?

공이 있어요?

네, 있어요.

네, 있어요.

줄을 그으세요.

1. 

자전거

2. 

콜라

3. 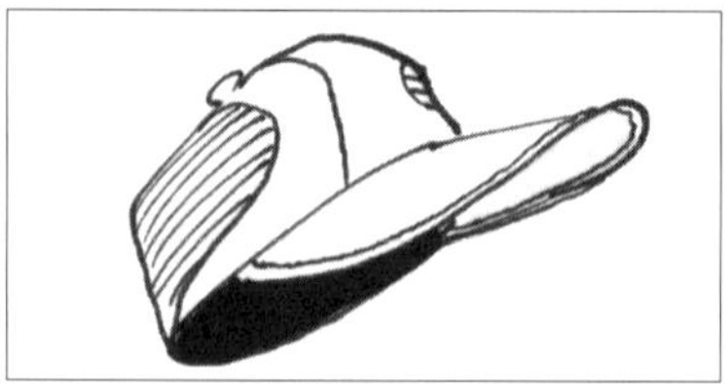

모자

4. 

공

5. 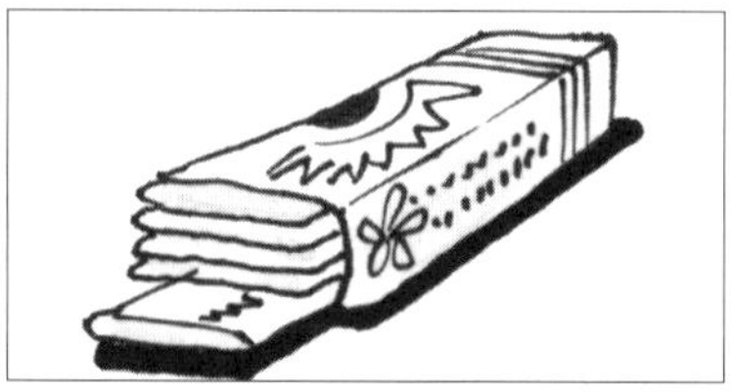

껌

6. 

우산

7. 

자동차

8. 

물

이 있어요.

가 있어요.

( ) 안에 쓰세요.

책(이) 있어요.

전화 ( ) 있어요.

빵( ) 있어요.

동생 ( ) 있어요.

누나 ( ) 있어요.

대답하세요.

1. 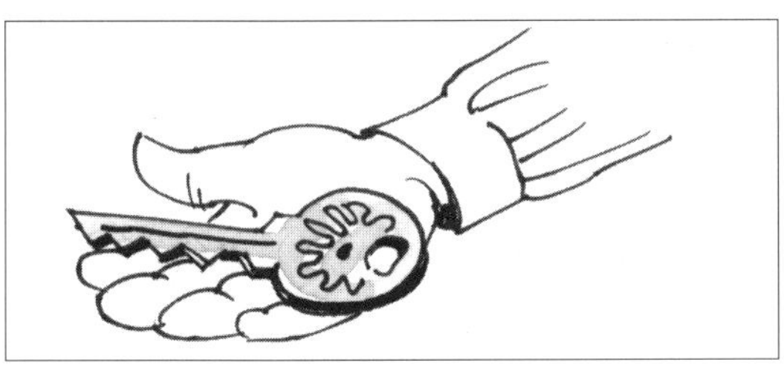

열쇠가 있어요?

네, 있어요.

2. 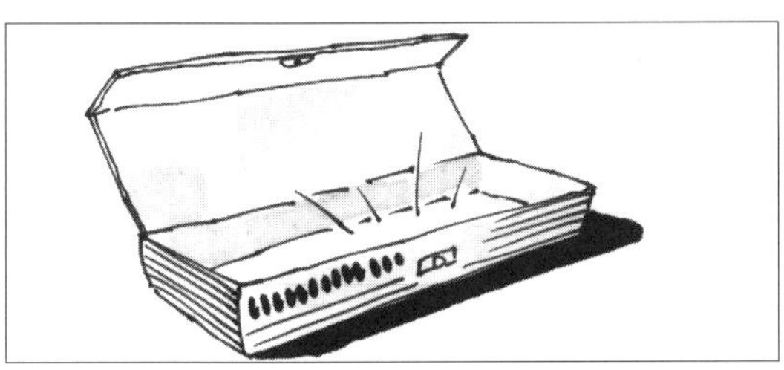

연필이 있어요?

아니오, 없어요.

3. 

바나나가 있어요?

________, __________.

4. 

우산이 있어요?

________, __________.

5. 

배가 있어요?

________, __________.

6. 

인형이 있어요?

아니오, __________.

그럼, ____가 있어요?

네, ______________.

7. 

장미꽃이 있어요?

아니오, __________.

그럼, ____이 있어요?

네, ______________.

5

그림을 보고 쓰세요.

1\.

치마

2\.

마늘

3\.

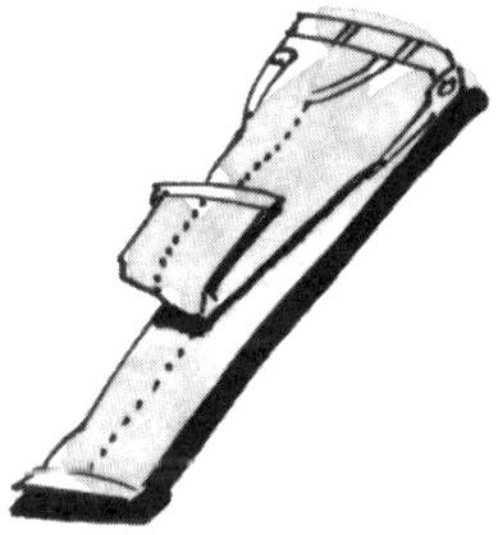

바지

4\.

바다

5\.

사과

6\.

의사

7\.

자동차

8\.

사자

쓰세요.

	ㅏ	ㅑ	ㅓ	ㅕ	ㅗ	ㅛ	ㅜ	ㅠ	ㅡ	ㅣ
ㅁ		먀							므	
ㅂ						뵤		뷰		
ㅅ				셔				슈		
ㅈ		쟈			조					

읽으세요.

1. 수도
2. 여러 가지
3. 저수지
4. 소라
5. 보자기

쓰세요.

만	화	영	화	가		재	미	있	어	요	?
만	화	영	화	가		재	미	있	어	요	?
네	,	재	미	있	어	요	.				
네	,	재	미	있	어	요	.				

낱말을 쓰세요.

커요

커요

작아요

작아요

맛있어요

맛있어요

맛없어요

맛없어요

길어요

길어요

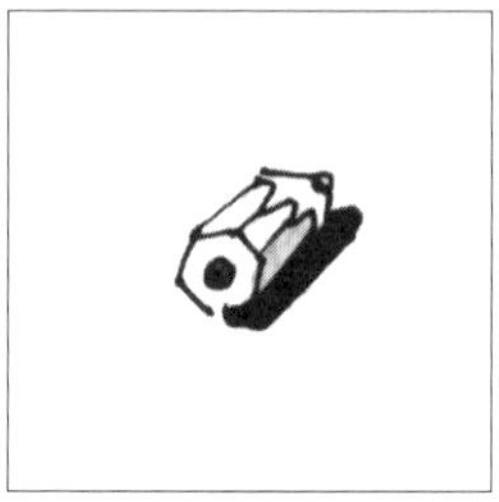

짧아요

짧아요

예뻐요

예뻐요

미워요

미워요

재미있어요

재미있어요

재미없어요

재미없어요

추워요

추워요

더워요

더워요

비싸요

비싸요

싸요

싸요

대답하세요.

1. 만화책이 재미있어요?  네, 재미있어요.

2. 아이스크림이 맛있어요?  네, __________.

3. 수지가 예뻐요?  아니오, __________.

4. 고양이가 커요?  네, __________.

5. 돼지가 뚱뚱해요?  네, __________.

6. 추워요?  아니오, ________.

찾아 가세요.

시작
야구가 재미있어요?
아니오
피자가 맛있어요?
아니오
약이 맛있어요?
네
네
네
아니오
연필이 길어요?
아니오
네
모자가 커요?
아니오
옷이 비싸요?
네
아니오
아니오
네
선생님이 예뻐요?
네
코끼리가 작아요?
네
미나가 예뻐요?
네
아니오
아니오
아니오
아니오
네
아니오이스크림이 맛있어요?
네
만화책이 재미있어요?
네
고양이가 커요?
아니오
잘했어요!!

6

그림을 보고 쓰세요.

1.

타조

2.

마차

3.

파도

4.

조카

5.

하마

6.

차례

7.

양파

8.

하품

쓰세요.

모음 (Vowels) / 자음 (Consonants)	ㅏ	ㅑ	ㅓ	ㅕ	ㅗ	ㅛ	ㅜ	ㅠ	ㅡ	ㅣ
ㄱ	가	갸	거	겨	고	교	구	규	그	기
ㄴ				녀					느	
ㄷ		댜				됴				
ㄹ					로					리
ㅁ			머					뮤		
ㅂ	바					뵤				
ㅅ		샤						슈		
ㅇ				여						이
ㅈ	자					죠				
ㅊ			처					츄		
ㅋ				켜			쿠			
ㅌ	타								트	
ㅍ				펴			푸			
ㅎ		햐							흐	

쓰세요.

학	교	에		가	요	?					
학	교	에		가	요	?					
아	니	오	,	야	구	장	에		가	요	.
아	니	오	,	야	구	장	에		가	요	.

대답에 ○표 하세요.

백화점

학교에 가요?

네, 학교에 가요.(　)
아니오, 수영장에 가요.(○)

수영장

집에 가요?

네, 집에 가요.(　)
아니오, 교회에 가요.(　)

집

백화점에 가요?

네, 백화점에 가요.(　)
아니오, 교회에 가요.(　)

야구장에 가요?

네, 야구장에 가요.(　)
아니오, 백화점에 가요.(　)

교회

그림을 보고 대답하세요.

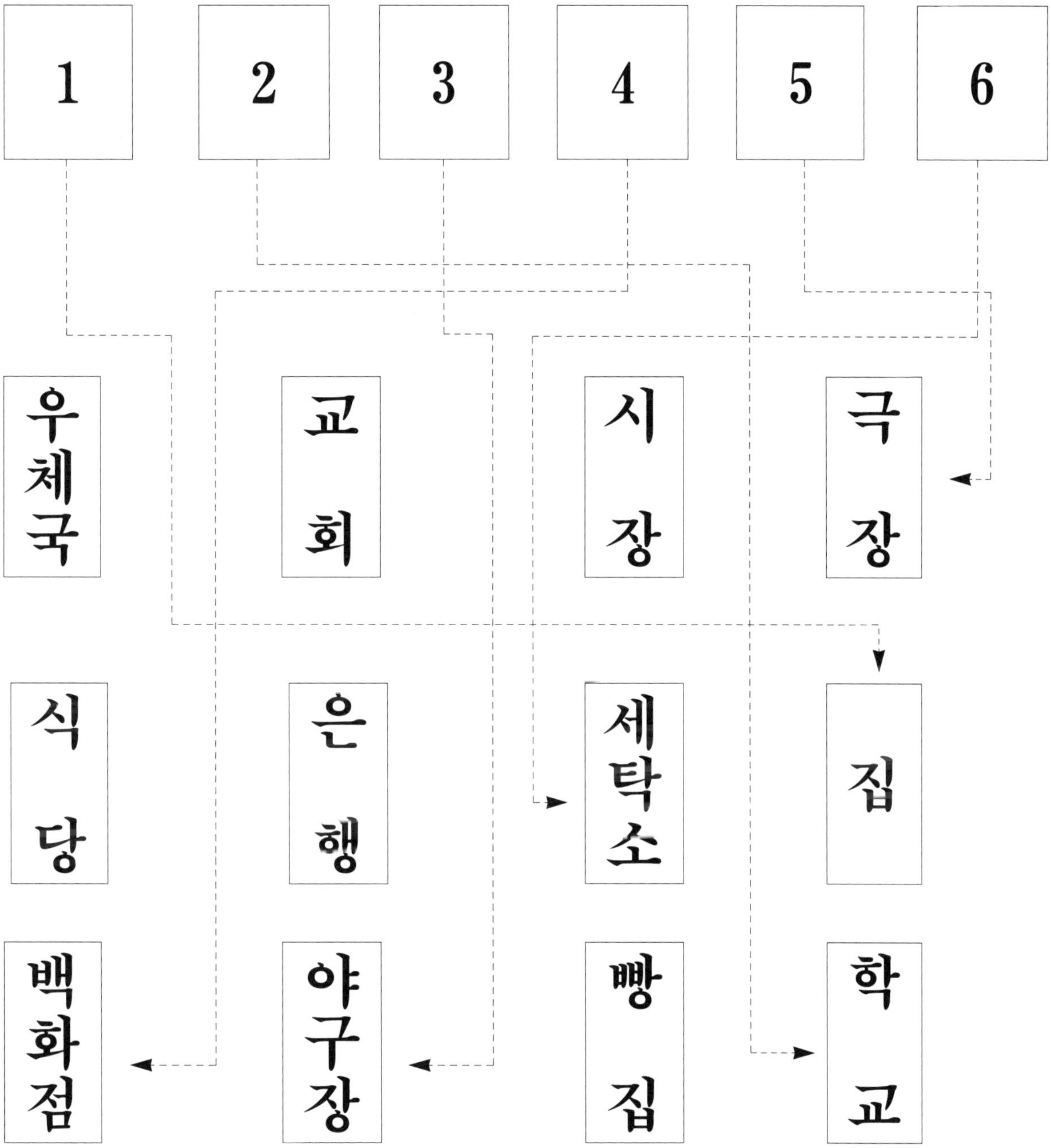

1. 어디에 가요? 집에 가요.
2. 어디에 가요? ________________.
3. 어디에 가요? ________________.
4. 어디에 가요? ________________.
5. 어디에 가요? ________________.
6. 어디에 가요? ________________.

7

그림을 보고 쓰세요.

1.

누에

2.

예수

3.

애기

4.

얘기

5.

가위

6.

추워요

7.

참외

8.

의사

9.

기와

10.

왜가리

쓰세요.

사과를 좋아해요?

사과를 좋아해요?

네, 좋아해요.

네, 좋아해요.

줄을 긋고 말하세요.

과자

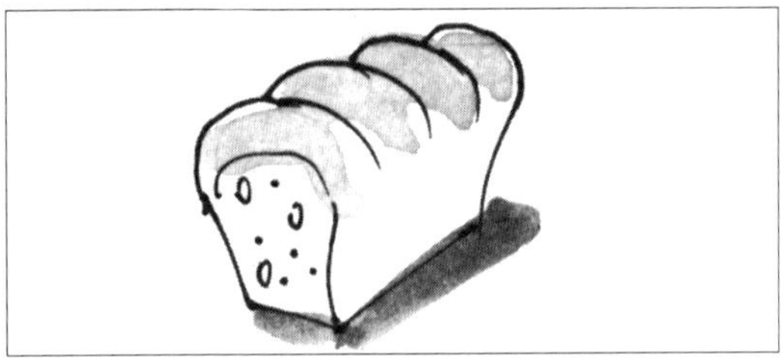

빵

수박

김치

수영

을 좋아해요.

를 좋아해요.

그림을 보고 대답을 고르세요.

1. 준호가 사탕을 좋아해요? 네, 좋아해요. (○) 아니오, 싫어해요. (   )

2. 미나가 생선을 좋아해요? 네, 좋아해요. (   ) 아니오, 싫어해요. (   )

3. 준호가 농구를 좋아해요? 네, 좋아해요. (   ) 아니오, 싫어해요. (   )

4. 강아지가 미나를 좋아해요? 네, 좋아해요. (   ) 아니오, 싫어해요. (   )

5. 미나가 딸기를 좋아해요? 네, 좋아해요. (   ) 아니오, 싫어해요. (   )

6. 눈사람이 해를 좋아해요? 네, 좋아해요. (   ) 아니오, 싫어해요. (   )

뭘 좋아해요?

1.

포도를 좋아해요.

2.

______________________.

3.

______________________.

4.

______________________.

5.

______________________.

8

그림을 보고 쓰세요.

1.

까치

2.

꼬마

3.

꼬끼오

4.

귀뚜라미

5.

뻐꾸기

6.

뽀뽀

7.

씨름

8.

찌개

쓰세요.

배가 고파요.

배가 고파요.

냉장고에 빵이 있어요.

냉장고에 빵이 있어요.

숨은 그림을 찾으세요.

1. 나비가 어디에 있어요?
   나비가 베개에 있어요.
2. 시계가 어디에 있어요?
   ______________________.
3. 책이 어디에 있어요?
   ______________________.
4. 양말이 어디에 있어요?
   ______________________.
5. 야구 모자가 어디에 있어요?
   ______________________.

대답하세요.

이게 뭐예요?

팔, 다리, 눈, 입, 손, 발, 머리, 코,
귀, 목, 무릎, 어깨, 손가락, 발가락

9

쓰세요.

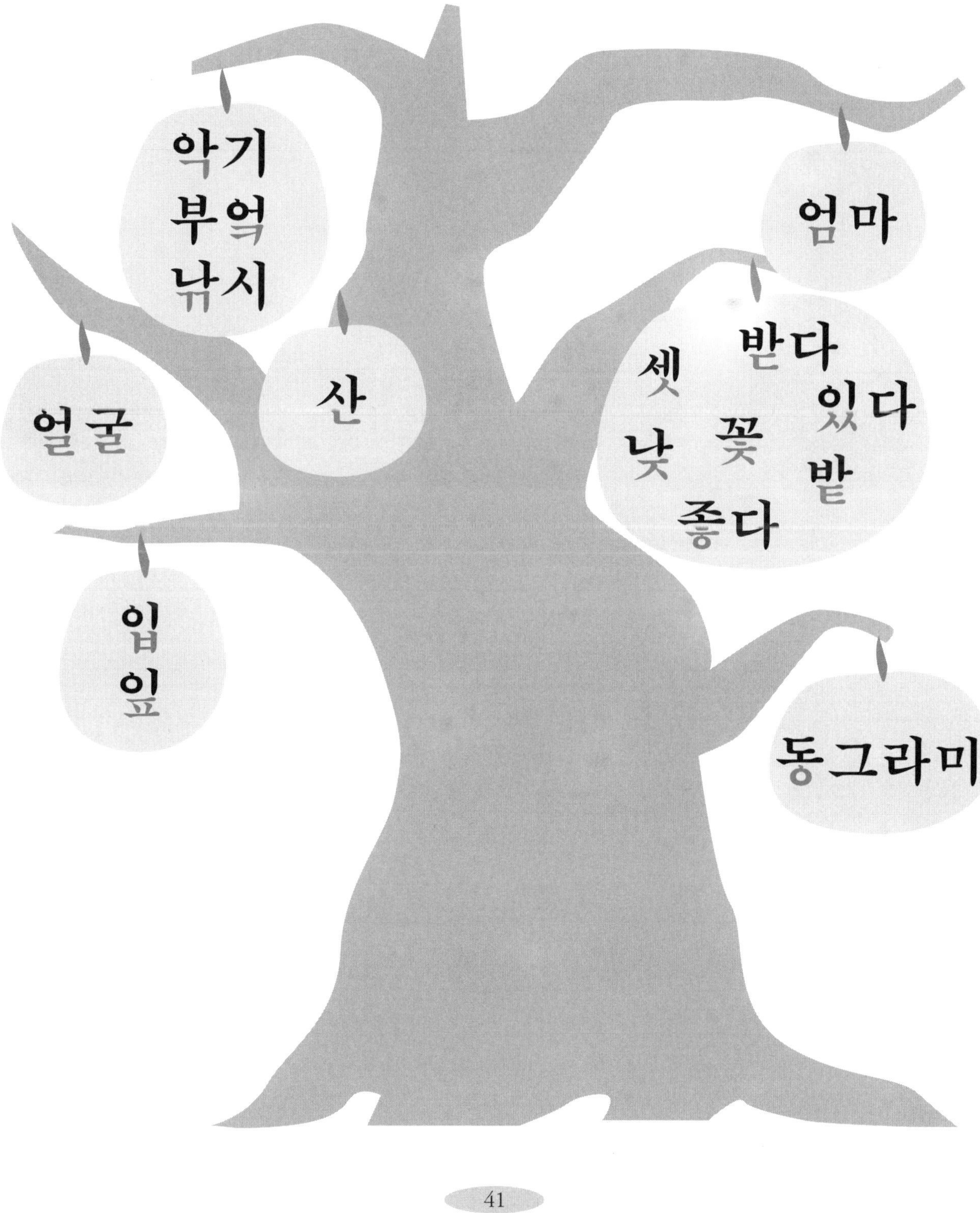

그림을 보고 쓰세요.

거울

약

산

꽃

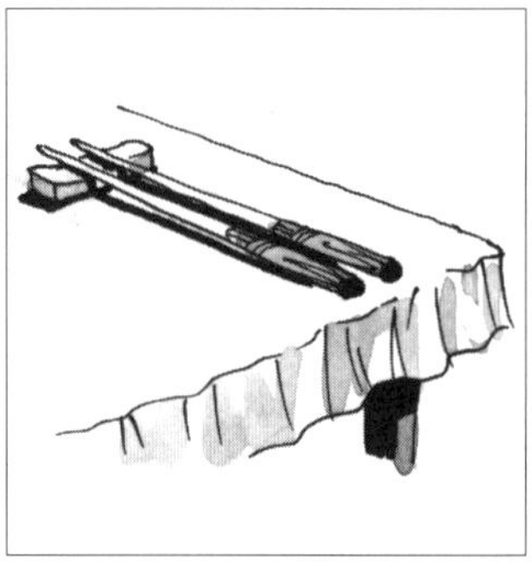

젓가락

감

밥

밑

종

쓰세요.

딸	기		주	스		좀		주	세	요.					
딸	기		주	스		좀		주	세	요.					
미	안	해	요.		딸	기		주	스	가		없	어	요.	
미	안	해	요.		딸	기		주	스	가		없	어	요.	

대답하세요.

1.  : 미나 있어요?

 : 기다리세요.

2.  : 손이 더러워요.

 : ________세요.

3.  : 배가 고파요.

 : ________세요.

4.  : 머리가 아파요.

 : 병원에 ____세요.

5.  : 전화 _____세요.

 : 고맙습니다.

6.  : 맛있어요.

 : 좀 더 ____세요.

그림을 보고 얘기하세요.

1.

2.

3.

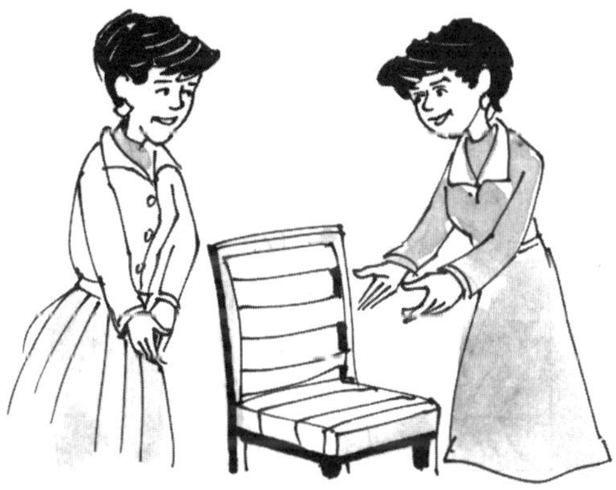

4.

5.

6.

10

수지가 써요.

준호가 읽어요.

몫으로	[목스로]
앉아요	[안자요]
많아요	[마나요]
흙에	[흘게]
삶아요	[살마요]
넓어요	[널버요]
외곬으로	[외골스로]
핥아요	[할타요]
읊어요	[을퍼요]
싫어요	[시러요]
값이	[갑시]

쓰세요.

오늘이 며칠이에요?

오늘이 며칠이에요?

구월 오일이에요.

구월 오일이에요.

쓰세요.

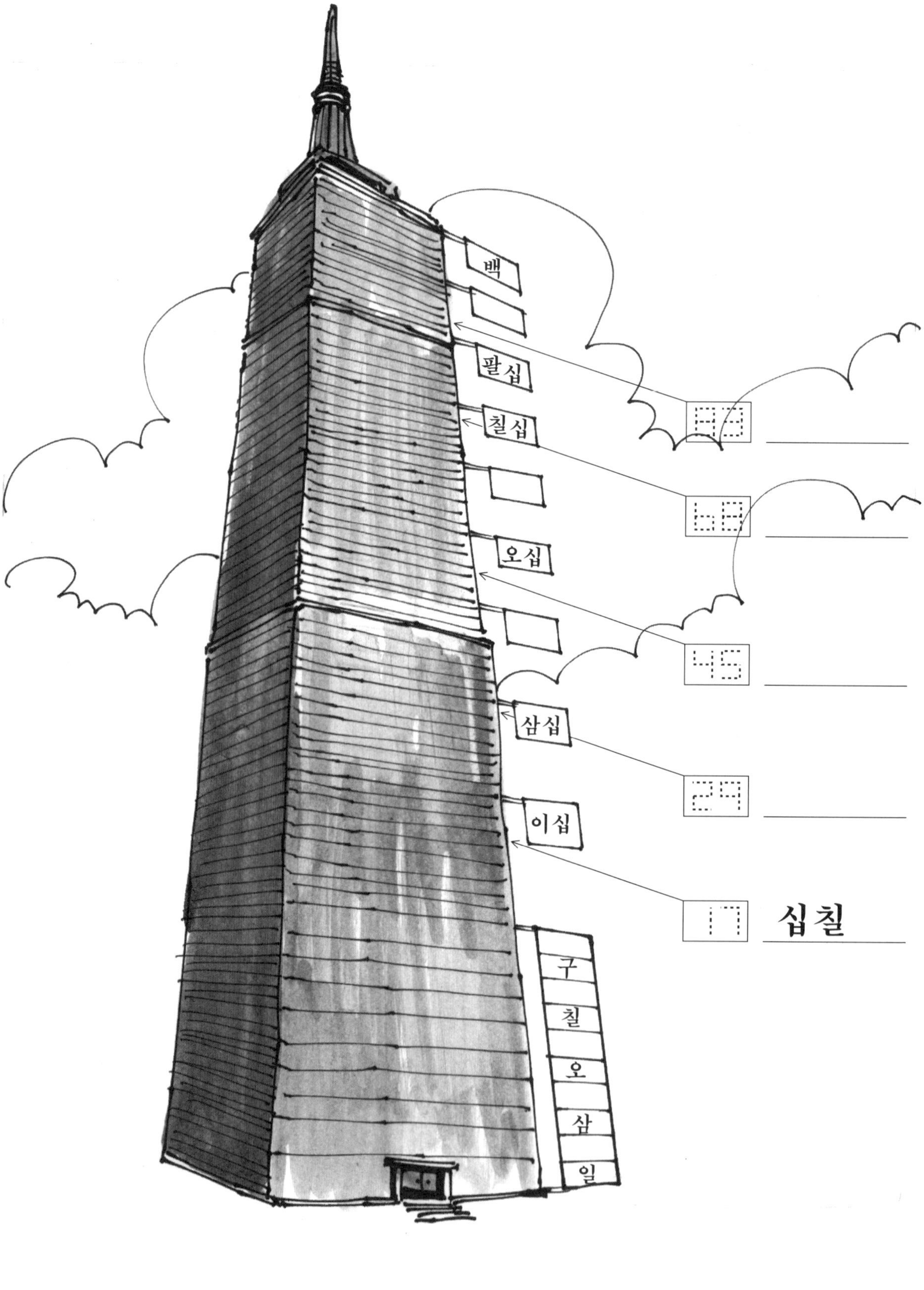

대답하세요.

1. 아버지 생신이 언제예요?

____.

2. 친구 생일이 언제예요?

____.

3. 동생 생일이 언제예요?

____.

4. 추석이 언제예요?

____.

5. 오늘이 며칠이에요?

____.

얘기하세요.

선생님 안녕하세요?

저는 ________________.

____________________.

네, ________________.
오늘이 미나 생일이에요.

________________.

네, ____________________?
누구예요?

그게 뭐예요?

꽃을 좋아해요?

오늘이 며칠이에요?

11

쓰세요.

뭘 그려요?
우주선을 그려요.
우주인하고 별도 그려요?

서로 연결하세요.

사요.

먹어요.

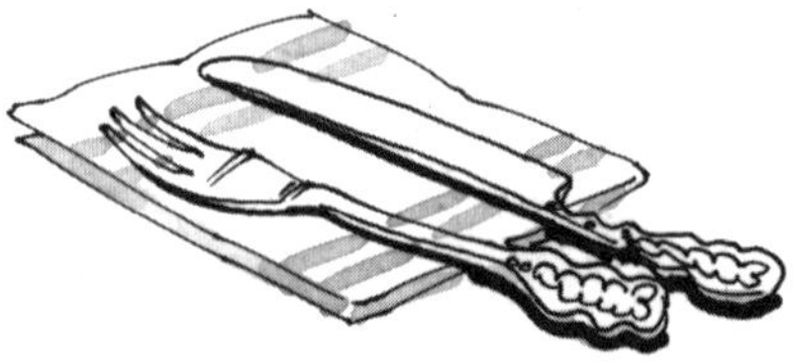

그려요.

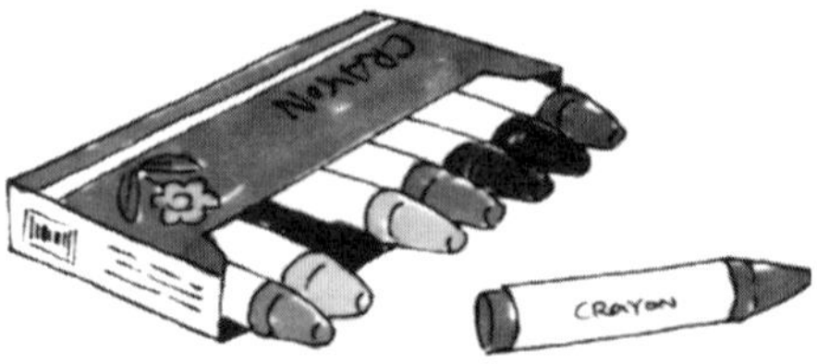

만들어요.

배워요.

단어를 쓰세요.

별	달	우주인	우주선

쓰세요.

1. (사자 / 호랑이)가 있어요. → 사자하고 호랑이가 있어요.
2. (포도 / 딸기)가 맛있어요. →
3. (별 / 달)을 그려요. →
4. (엄마 / 동생)이 자요. →
5. (한국말 / 영어)를 배워요. →

대답하세요.

1. 뭘 먹어요? 과자하고 빵을 먹어요.	인형 사자 (과자) (빵) 장난감 우산
2. 뭘 읽어요? ____________________.	사과 책 비행기 공 연필 신문
3. 누가 놀아요? ____________________.	오빠 우산 야구 꽃 친구 연필
4. 뭐가 재미있어요? ____________________.	냉장고 그림책 과자 만화영화 콜라 꽃

쓰세요.

하늘에 해가 있어요.

하늘에 구름도 있어요.

하늘에 별도 있어요.

동물원에서 기린을 봐요.

동물원에서 낙타도 봐요.

동물원에서 ______도 봐요.

저는 테니스를 좋아해요.

저는 수영도 좋아해요.

저는 ______ 좋아해요.

저는 남자예요.

아버지도 남자예요.

______ 남자예요.

12

쓰세요.

지금 공부해요?
아니오, 공부하지 않아요.
놀아요.
어서 공부하세요.

단어를 골라서 쓰세요.

울어요	놀아요	쳐요	봐요
자요	읽어요	공부해요	

1.

눈이 와요.

2.

준호는 강아지하고 ________.

3.

미나는 ________.

4.

준호 동생은 ________.

5.

미나 동생은 피아노를 ________.

6.

미나 오빠는 신문을 ________.

7.

톰은 텔레비전을 ________.

8.

학생들은 ________.

맞는 그림을 고르세요.

비가 와요.

1.

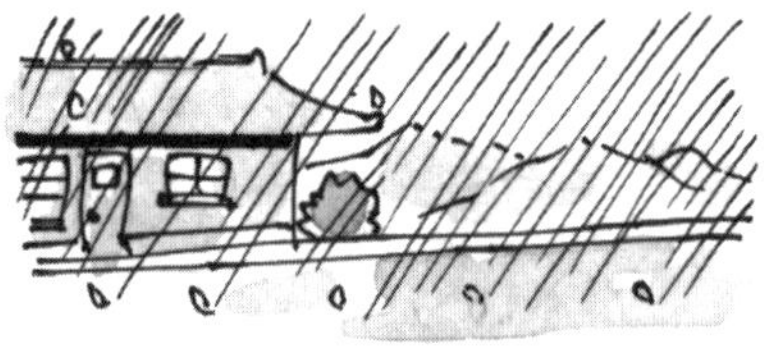

아기는 웃지 않아요.

2.

쓰세요.

1. 선생님은 가르쳐요. ⇔ 학생은 가르치지 않아요.
2. 아버지는 일해요. ⇔ 아이는 ________________.
3. 준호는 학교에 가요. ⇔ 동생은 학교에 __________.
4. 어머니는 돈이 많아요. ⇔ 미나는 돈이 ___________.
5. 사탕은 달아요. ⇔ 약은 __________________.

지금 미나는 ……

1. 텔레비전을 봐요.
2. 공부하지 않아요.
3. 콜라를 ________________.
4. 빵을 ________________.
5. 책을 ________________.
6. 노래를 ________________.
7. 전화를 ________________.

13

쓰세요.

인형이 모두 몇 개예요?

하나, 둘, 셋, 넷, 다섯, 모두 다섯 개예요.

인형을 좋아해요?

쓰고 연결하세요.

하나

다섯

여덟

둘

여섯

열

셋

아홉

일곱

넷

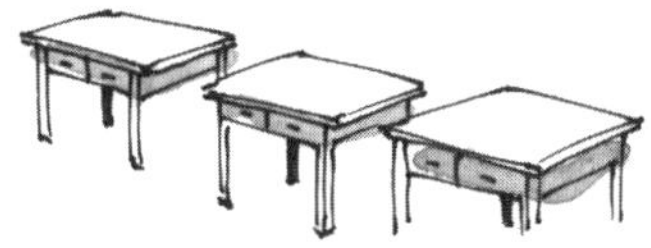

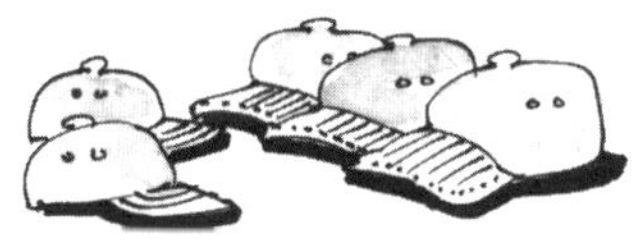

몇 개예요?

1. 

세 개예요.

2. 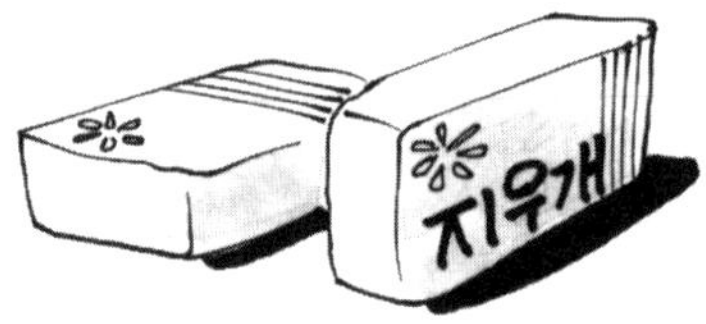

_________개예요.

3. 

_________개예요.

4. 

_________개예요.

5. 

___________예요.

6. 

___________예요.

7. 

___________예요.

8. 

___________예요.

9. 

_________________.

10. 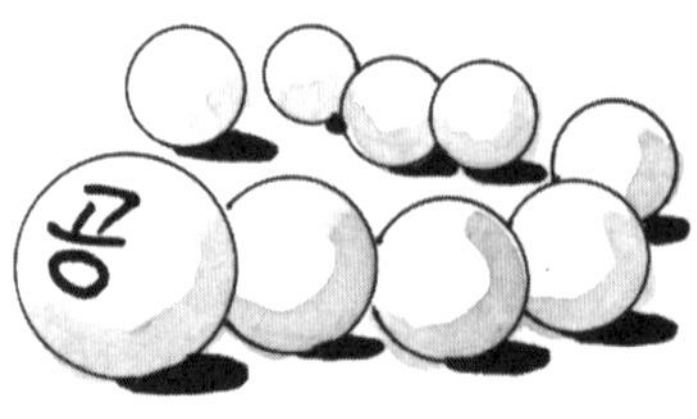

_________________.

대답하세요.

1. 종이 몇 개예요?

네 개예요.

2. 연이 몇 개예요?

______ 개예요.

3. 촛불이 모두 몇 개예요?

______ 개예요.

4. 종이가 몇 장이에요?

______ 장이에요.

5. 지금 몇 시예요?

____ 시 ____ 분이에요.

6. 친구가 몇 명이에요?

______ 명이에요.

7. 토끼가 몇 마리예요?

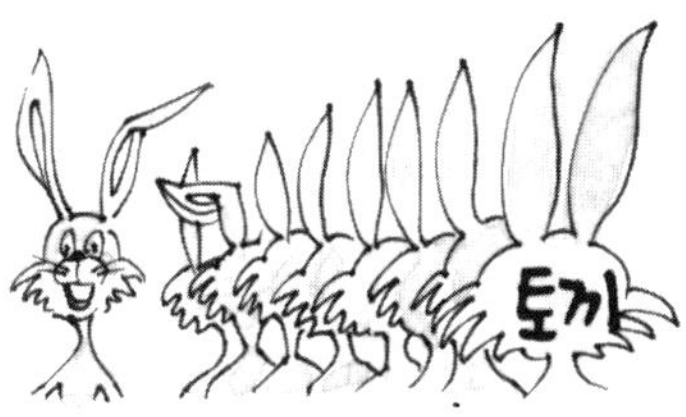

________________.

8. 우유가 몇 병이에요?

________________.

14

쓰세요.

인어공주를 봤어요?
네, 세 번 봤어요.
세 번이나요?

그림을 보고 낱말을 쓰세요.

약	인어공주	개	일기
편지	호랑이	사자	선수

대답해 보세요.

1. 인어공주 영화를 봤어요?

   네, 인어공주 영화를 봤어요.

2. 비타민을 먹었어요?

   아니오, 비타민을 먹지 않았어요.

3. 오늘 일기를 썼어요?

   네, ______________________.

4. 창문을 닫았어요?

   네, ______________________.

5. 방을 청소했어요?

   아니오, ______________________.

6. 친구를 만났어요?

   네, ______________________.

7. 손을 씻었어요?

   아니오, ______________________.

준호와 얘기하세요.

1. 준호: 배가 고팠어요.

   햄버거를 세 개 먹었어요.

   나 : 세 개나요?

2. 준호: 오늘 내 생일이에요.

   친구가 열두 명 와요.

   나 : ____________이나요?

3. 준호: 미안해요.

   빵이 한 개 있어요.

   나 : ____________밖에 없어요?

4. 준호: 어제 야구를 했어요.

   홈런을 두 번 쳤어요.

   나 : ____________이나요?

5. 준호: 아버지가 돈을 주셨어요.

   20 달라 주셨어요.

   나 : ____________나요?

15

쓰세요.

내일이 어머니 날이에요.
저는 카드를 만들겠어요.
그래요? 저는 꽃을 사겠어요.

낱말을 연습하세요.

준호가 카드를 써요.

준호가 __________.

준호가 __________.

준호가 __________.

쓰세요.

9월 15일	9월 16일	9월 17일
오늘	__________	__________

수영장

____

____

대답하세요.

종이가 한 장 있어요. 뭘 하겠어요?

저는 그림을 그리겠어요.

저는 ________________겠어요.

저는 ______________________.

돈이 있어요. 뭘 하겠어요?

저는 저금하겠어요.

저는 ________________겠어요.

저는 ______________________.

연결하세요.

다리를 다쳤어요.

친구하고 같이 영화를 보겠어요.

아침을 먹지 않았어요.

선물을 받았어요.

숙제가 많아요.

어머니가 김밥을 만들었어요.

배가 고프겠어요.

맛있겠어요.

좋겠어요.

많이 아프겠어요.

재미있겠어요.

힘들겠어요.

16

쓰세요.

이 이야기에 누가 나와요?

뚱뚱한 고양이하고 작은 쥐가 나와요.

고양이가 착해요?

아니오, 작은 쥐가 착해요.

어때요?

1.

쥐가 어때요?

쥐가 작아요.

2.

고양이가 어때요?

고양이가 ________.

3.

준호가 어때요?

준호가 ________.

4.

산이 ______?

산이 낮아요.

5.

운동장이 ______?

운동장이 좁아요.

6.

영화가 ________?

______________.

쓰세요.

1. 집이 깨끗해요. ⇒ 깨끗한 집이에요.

2. 친구가 착해요. ⇒ ________ 친구에요.

3. 코끼리가 뚱뚱해요. ⇒ ________ 코끼리에요.

4. 교실이 조용해요. ⇒ ________ 교실이에요.

---

1. 풍선이 커요. ⇒ 큰 풍선이에요.

2. 아기가 예뻐요. ⇒ ________ 아기에요.

3. 이야기가 슬퍼요. ⇒ ________ 이야기에요.

4. 발가락이 아파요. ⇒ ________ 발가락이에요.

쓰세요.

1. 신발이 작아요.	⇒	작은 신발이에요.
2. 길이 넓어요.	⇒	________ 길이에요.
3. 머리가 짧아요.	⇒	________ 머리예요.
4. 탑이 높아요.	⇒	________ 탑이에요.

1. 솜사탕이 맛있어요.	⇒	________ 솜사탕이에요.
2. 이야기가 재미없어요.	⇒	________ 이야기예요.
3. 경치가 멋있어요.	⇒	________ 경치예요.

1. 누나가 노래해요.	⇒	________ 누나가 예뻐요.
2. 고양이가 자요.	⇒	________ 고양이가 귀여워요.
3. 친구가 웃어요.	⇒	________ 친구가 좋아요.

그려 보세요.

1.

큰 눈
작은 코
큰 입
작은 귀

2.

짧은 치마
긴 양말
예쁜 모자

17

쓰세요.

심심해요.

뭘 하고 싶어요?

밖에 나가고 싶어요.

이야기를 만드세요.

1.

심심해요.

2.

밖에 ______고 싶어요.

3.

바지를 __________.

4.

________를 써요.

5.

택시를 __________.

6.

________에 가요.

7.

바다를 __________.

8.

참 좋아요.

쓰세요

1. 가요 → 가고 싶어요.

   봐요 → ____고 싶어요.

   와요 → ____고 싶어요.

   만들어요 → ____________.

   먹어요 → ____________.

   마셔요 → ____________.

   해요 → ____________.

   불러요 → ____________.

   써요 → ____________.

   들어요 → ____________.

---

2. 편지를 부치고 싶어요. • • 도서관

   책을 읽고 싶어요. • • 극장

   기차를 타고 싶어요. • • 우체국

   영화를 보고 싶어요. • • 역

   비행기를 타고 싶어요. • • 공항

대답하세요.

1. 어디에 가고 싶어요? (미국, 한국, 러시아, 캐나다)

   한국에 가고 싶어요.

2. 누구를 만나고 싶어요? (피노키오, 피터팬, 나폴레옹, 신데렐라)

   ______________________________.

3. 무엇을 사고 싶어요? (자전거, 모자, 책)

   ______________________________.

4. 무엇을 하고 싶어요? (수영을 해요, 자요, 피아노를 쳐요)

   ______________________________.

5. 언제 선물을 받고 싶어요? (생일에, 설날에, 일요일에)

   ______________________________.

18

쓰세요.

이 비행기 좀 보세요.

참 멋있어요.

어디에서 샀어요?

아빠하고 같이 만들었어요.

고르세요.

버스 자전거 비행기

스케이트 그네 낚시

놀이터 병원 도서관

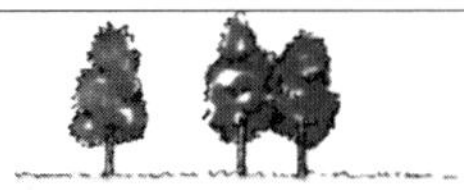

꽃 나무 잔디

보기에서 낱말을 골라 쓰세요.

보 기

멋있어요	**이를 닦아요**
설거지 해요	**야영해요**

멋있어요.

____________________.

____________________.

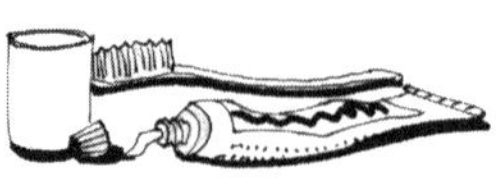

____________________.

쓰세요.

준호가 혼자 스케이트를 타요?

아니오, 미나하고 같이 스케이트를 타요.

미나가 혼자 놀아요?

______________________.

준호가 미나하고 같이 노래를 불러요?

아니오, ______________________.

톰이 누구하고 같이 수영해요?

______________________.

준호가 누구하고 같이 장난감을 만들어요?

______________________.

쓰세요.

운동장에 있어요.

운동장에서 야구해요.

미나가 극장에 있어요.

미나가 극장_____ 인형극을 봐요.

아이들이 교실_____ 있어요.

아이들이 교실_____ 공부해요.

준호가 놀이터에 있어요.

준호가 ____________________.

미나가 ____________________.

미나가 ____________________.

19

쓰세요.

저 모자가 마음에 들어요.
얼마예요?
10,000원이에요.
한번 써 봐요.

쓰세요.

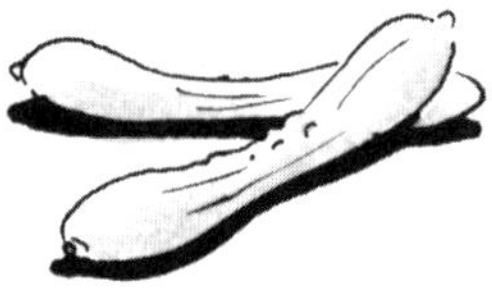

오 이

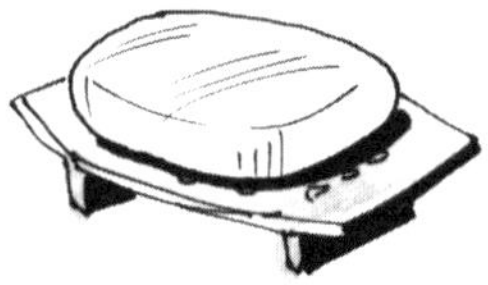

쓰세요.

1. 얘기를 해요. ⇒ 얘기를 해 봐요.

2. 책을 읽어요. ⇒ __________ 봐요.

3. 선생님께 물어요. ⇒ __________ 봐요.

4. 노래를 들어요. ⇒ __________ 봐요.

5. 모자를 써요. ⇒ ______________.

6. 예쁘게 웃어요. ⇒ ______________.

7. 선물을 풀어요. ⇒ ______________.

1.

준호: **이 구두가 한 켤레에 얼마예요?**

점원: **이만 원이에요.**

준호: **멋있어요.**

점원: **한번 신어 봐요.**

2.

미나: **이 사과가 한 개에 얼마예요?**

점원: **한 개에 ______이에요.**

미나: **맛있어요?**

점원: **한 개 ________봐요.**

3.

준호: **이 스케이트보드가 얼마예요?**

점원: ________**이에요.**

준호: **타고 싶어요.**

점원: __________________**.**

20

쓰세요.

이따가 우리 집에 올 수 있어요?
아니오, 갈 수 없어요.
왜요?
엄마하고 약속이 있어요.

무엇을 해요?

1.  나무에 올라가요.

2.  연을 ______________________.

3.  ____________________를 해요.

4.  ____________________을 해요.

5.  텔레비전을 ________________.

6.  바다에서 __________________.

쓰세요.

1. 준호가 나무에 올라가요.

   나도 나무에 올라갈 수 있어요.

2. 미나가 스키를 타요.

   나도 스키를 ______________________.

3. 준호가 김치를 먹어요.

   나도 김치를 ______________________.

4. 미나가 수영을 해요.

   나도 수영을 ______________________.

5. 준호가 피아노를 쳐요.

   나도 피아노를 ______________________.

6. 미나가 연을 날려요.

   나도 연을 ______________________.

7. 준호가 젓가락을 써요.

   나도 젓가락을 ______________________.

8. 미나가 휘파람을 불어요.

   나도 휘파람을 ______________________.

대답하세요.

1. 스키를 탈 수 있어요?

네, 스키를 탈 수 있어요.

2. 마술을 할 수 있어요?

아니오, 마술을 할 수 없어요.

3. 줄넘기를 할 수 있어요?

네, ________________________.

4. 매운 음식을 먹을 수 있어요?

아니오, ________________________.

5. 춤을 출 수 있어요?

네, ________________________.

6. 컴퓨터를 고칠 수 있어요?

아니오, ________________________.

1. 벽에 올라갈 수 있어요?

아니오, 못 올라가요.

2. 물구나무서기를 할 수 있어요?

아니오, ________________________.

3. 혼자서 배를 만들 수 있어요?

아니오, ________________________.

4. 지금 달나라에 갈 수 있어요?

아니오, ________________________.

21

쓰세요.

여보세요, 산타할아버지 집이에요.
저는 준호예요. 할아버지 좀 바꿔주세요.
지금 안 계세요.
그럼, 이따가 다시 걸겠어요.

고르세요.

열어요	가르쳐요	걸어요	읽어요	보여요

전화를 ________________.

문을 ________________.

책을 ________________.

한국말을 ________________.

사진을 ________________.

쓰세요.

1. 책을 읽어요. ⇒ 책을 읽어 주세요.

2. 피자를 사요. ⇒ ____________________.

3. 김밥을 만들어요. ⇒ ____________________.

4. 태권도를 가르쳐요. ⇒ ____________________.

5. 칠판에 크게 써요. ⇒ ____________________.

6. 농구공을 빌려요. ⇒ ____________________.

줄을 그으세요.

1.

2.

3.

4.

조용히 해 주세요.

빵을 사 주세요.

책을 읽어 주세요.

조금만 기다려 주세요.

맞는 대화를 고르세요.

1.

(나)

2.

( )

3.

( )

4.

( )

가) 여보세요? 우체국이에요?

아니에요. 잘못 걸었어요.

나) 미나 있어요?

잠깐만 기다리세요.

다) 여보세요, 준호 좀 바꿔 주세요.

준호 지금 없어요.

라) 미나 엄마 좀 바꿔주세요.

제가 미나 엄마예요.

22

쓰세요.

야! 아주 큰데요.

그거 누가 잡았어요?

내가 잡았어요.

나도 내일 낚시하러 가겠어요.

쓰세요.

1.

고양이를 ________.

2.

강에서 ________.

3.

________가 많아요.

4.

________ 를 써요.

5.

편지를 ________.

6.

탁구를 ________.

7.

학생들이 ________.

8.

________을 해요.

쓰세요.

공책을 사요.	⇒	공책을 사러 가요.
써커스를 봐요.	⇒	____________________.
운동을 해요.	⇒	____________________.
쓰레기를 버려요.	⇒	____________________.
강아지를 찾아요.	⇒	____________________.

1. 여자친구를 만났어요?

   아니오, 지금 여자친구를 만나러 가요.

2. 잠자리를 잡았어요?

   아니오, 지금 ____________________.

3. 엽서를 부쳤어요?

   아니오, 지금 ____________________.

4. 응원을 했어요?

   아니오, 지금 ____________________.

쓰세요.

1. 넥타이가 비싸요.	⇒	넥타이가 비싼데요!
2. 산이 높아요.	⇒	산이 ____________!
3. 아저씨가 뚱뚱해요.	⇒	아저씨가 ____________!
4. 코끼리가 커요.	⇒	코끼리가 ____________!
5. 토끼가 귀여워요.	⇒	토끼가 ____________!
6. 햄버거가 맛있어요.	⇒	햄버거가 ____________!

1. 시계가 비싸요.	⇒	시계가 비싸군요.
2. 산이 높아요.	⇒	산이 ____________.
3. 돼지가 뚱뚱해요.	⇒	돼지가 ____________.
4. 개구리 입이 커요.	⇒	개구리 입이 ____________.
5. 병아리가 귀여워요.	⇒	병아리가 ____________.
6. 사탕이 맛있어요.	⇒	사탕이 ____________.

23

쓰세요.

제가 도와 드릴까요?

괜찮아요.

정말 혼자 할 수 있어요?

그럼요, 문제 없어요.

고르세요.

어머니께서 청소해요.	문제없어요.
혼자 집을 볼 수 있어요?	텔레비전을 꺼요.
시끄러워요.	도와 드려요.
우유를 가지고 왔어요.	소금을 넣어요.
국이 싱거워요.	식탁 위에 놓아요.

쓰세요.

제가 전화를 받아요. ⇒ 제가 전화를 받을까요?

제가 도와 드려요. ⇒ 제가 ____________?

제가 칠판을 지워요. ⇒ 제가 칠판을 ________?

제가 접시를 닦아요. ⇒ 제가 접시를 ________?

같이 극장에 가요. ⇒ 같이 극장에 갈까요?

같이 카드놀이를 해요. ⇒ 같이 카드놀이를 _____?

같이 잔디를 깎아요. ⇒ 같이 잔디를 ________?

같이 사진을 찍어요. ⇒ 같이 사진을 ________?

쓰세요.

1.

준호 : 배가 고파요.

미나 : 제가 빵을 드릴까요?

준호 : 빵이 맛있어요.

미나 : 빵을 더 ______________?

2.

미나 : 심심해요.

준호 : 같이 TV를 ______________?

미나 : TV가 재미 없어요.

준호 : 같이 밖에 ______________?

24

쓰세요.

선생님, 이가 아파요.

자, 아-. 아이쿠, 이가 썩었어요.

이를 잘 닦아야 해요.

초콜릿도 많이 먹지 마세요.

쓰세요.

1. 준호는 ______가 썩었어요.

   어머니하고 같이 치과에 갔어요.

2. 미나는 어제 잠을 못 잤어요.

   지금 너무 ______________________________.

3. 시계가 안 가요.

   시계가 ______________________________.

4. 오늘 ________을 봐요.

   어젯밤 공부를 많이 했어요.

5. 사람들이 몰라요.

   쉿! 그것은 ____________________이에요.

6. 학생들이 교실에서 ________________________.

   시끄러워요.

쓰세요.

1. 집에 가요.	⇒	집에 가야 해요.
2. 잠을 자요.	⇒	잠을 ____________.
3. 숙제를 해요.	⇒	숙제를 ____________.
4. 손을 씻어요.	⇒	손을 ____________.
5. 녹음기를 고쳐요.	⇒	녹음기를 __________.

1. 방이 더러워요.	⇒	청소를 해야 해요.
2. 준호가 아파요.	⇒	병원에 ____________.
3. 미나가 졸려요.	⇒	잠을 ____________.
4. 너무 뚱뚱해요.	⇒	열심히 운동을 ______.
5. 청소기가 고장났어요.	⇒	청소기를 __________.

쓰세요.

1. 초콜릿을 먹어요.	⇒	초콜릿을 먹지 마세요.
2. 방에 들어가요.	⇒	방에 ________________.
3. 교실에서 떠들어요.	⇒	교실에서 ____________.
4. 창문을 열어요.	⇒	창문을 ______________.
5. 텔레비전을 켜요.	⇒	텔레비전을 __________.

1. 들어가도 돼요?	아니오, 들어오지 마세요.
2. 커피를 ______ 돼요?	아니오, 마시지 마세요.
3. 이 의자에 ______ 돼요?	네, 앉으세요.
4. 비밀을 ______ 돼요?	아니오, 얘기하지 마세요.
5. 집을 ______ 돼요?	네, 구경하세요.

25

쓰세요.

지구가 커요? 달이 커요?

지구가 달보다 더 커요.

지구가 커요? 해가 커요?

해가 지구보다 훨씬 커요.

해가 제일 커요.

쓰세요.

지구

쓰세요.

1. 미국이 커요? 캐나다가 더 커요?

→ 캐나다가 미국보다 더 커요.

2. 록키 산이 높아요? 에베레스트 산이 더 높아요?

→ 에베레스트 산이 ______보다 더 ________.

3. 비행기가 빨라요? 빛이 더 빨라요?

→ _______이 _________보다 더 __________.

4. 시카고가 추워요? 알래스카가 더 추워요?

→ ______________________________________.

5. 자전거가 비싸요? 자동차가 더 비싸요?

→ ______________________________________.

쓰세요.

2,000원

10,000원

1,000원

3,000원

5,000원

1. 무엇이 제일 커요?

______________________.

2. 무엇이 제일 작아요?

______________________.

3. 무엇이 제일 비싸요?

______________________.

4. 무엇이 제일 길어요?

______________________.

5. 무엇을 제일 좋아해요?

______________________.

모범 답안

(주의 : 여러가지 답이 나올 가능성이 있는 경우 이탤릭체로 답을 주었습니다.)

4쪽 안녕
안녕히 가세요 안녕

8쪽 미나예요.(0)
제인이에요.(0)
준호예요.(0)

9쪽 링컨이에요.
피노키오예요. 워싱턴이에요.
김미나예요. 피터팬이에요.
이준호예요. 이순신이에요.

10쪽

형 아버지 어머니

할머니 할아버지 누나

10쪽

아버지
어머니
언니 오빠
나

13쪽 이게 저게
그게 이게
저게 그게

18쪽

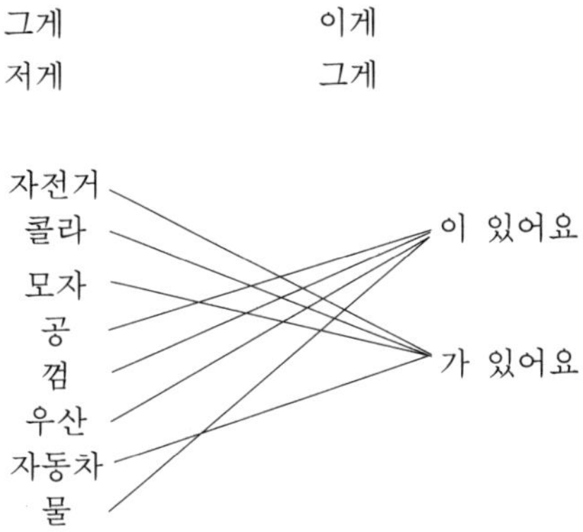

19쪽 전화(가) 빵(이) 동생(이) 누나(가)

20쪽 3. 네, 있어요.
4. 아니오, 없어요.
5. 네, 있어요.
6. 없어요. *배* 있어요.
7. 없어요. *카네이션* 있어요.

25쪽 2. 맛있어요.
3. 미워요.
4. 커요.
5. 뚱뚱해요.
6. 더워요.

26쪽 시작 → 야구가 재미있어요?(아니오) → 피자가 맛있어요?(네) → 모자가 커요?(네) → 연필이 길어요?(네) → 선생님이 예뻐요?(아니오) → 미나가 예뻐요?(네) → 고양이가 커요?(아니오) → 잘 했어요!!

30쪽 집에 가요? 네, 집에 가요.
백화점에 가요? 아니오, 교회에 가요.
야구장에 가요? 아니오, 백화점에 가요.

31쪽 2. 학교에 가요.
3. 야구장에 가요.
4. 백화점에 가요.
5. 극장에 가요.
6. 세탁소에 가요.

34쪽

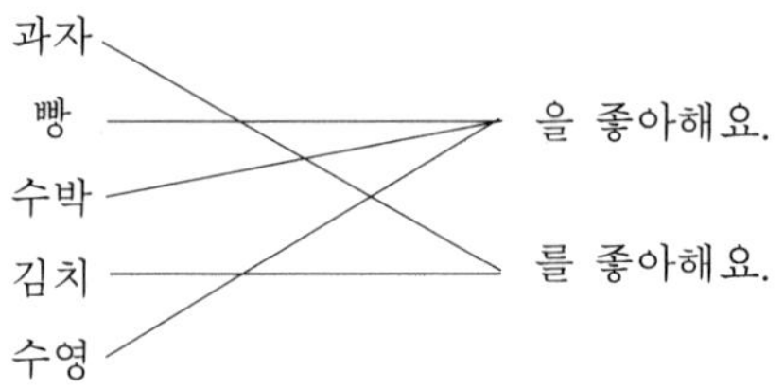

35쪽 2. <u>아니오, 싫어해요.</u>
3. <u>아니오, 싫어해요.</u>
4. <u>네, 좋아해요.</u>
5. <u>네, 좋아해요.</u>
6. <u>아니오, 싫어해요.</u>

36쪽 2. 콜라를(포도주스를, 우유를 아이스크림을) 좋아해요.
3. 시금치를(호박을, 오이를, 배추를) 좋아해요.
4. 토끼를(코끼리를, 개를, 고양이를) 좋아해요.
5. 야구를(테니스를, 농구를, 축구를) 좋아해요.

39쪽 2. 시계가 꽃병에 있어요.
3. 책이 침대에 있어요.
4. 양말이 베개에 있어요.
5. 야구모자가 풍선에 있어요.

40쪽

눈	머리
	귀
코	목
입	어깨
	팔
	손
	손가락
무릎	
	다리
	발

44쪽
2. 씻으
3. 잡수
4. 가
5. 받으
6. 드

45쪽

1. 계세요?	2. 들어오세요.
3. 여기 앉으세요.	4. 더 드세요.
5. 앨범을 보세요.	5. 안녕히 가세요.

48쪽

구십
육십　　　팔십 삼
사십　　　육십 팔
십
팔　　　사십 오
육　　　이십 구
사
이

49쪽
1. ○○ 월 ○○ 일이에요.
2. ○○ 월 ○○ 일이에요.
3. ○○ 월 ○○ 일이에요.
4. 팔 월 십오 일이에요.
5. ○○ 월 ○○ 일이에요.

50쪽

안녕하세요?
준호예요.
꽃이에요.
좋아해요.
○ 월 ○○ 일이에요.

52쪽

책	사요
돈	먹어요
포크	그려요
크레용	만들어요
망치	배워요

53쪽 별 우주선

달 우주인

54쪽 2. 포도하고 딸기
3. 별하고 달
4. 엄마하고 동생
5. 한국말하고 영어

2. 책하고 신문을 읽어요.
3. 오빠하고 친구가 놀아요.
4. 그림책하고 만화영화가 재미있어요.

55쪽 사자, 호랑이, 원숭이……
농구도, 축구도, 탁구도……
할아버지도, 선생님도, 동생도……

57쪽 2. 놀아요
3. 울어요
4. 자요
5. 쳐요
6. 읽어요
7. 봐요
8. 공부해요

58쪽 1. ■□ 2. □■
2. 일하지 않아요
3. 가지 않아요
4. 많지 않아요
5. 달지 않아요

59쪽 3. 마셔요
4. 먹지 않아요
5. 읽지 않아요
6. 부르지 않아요
7. 걸지 않아요

61쪽

하나	책상
다섯	별
여덟	생선
둘	사과
여섯	모자
열	공
셋	연필
아홉	달걀
일곱	인형
넷	과자

62쪽

2. 두 3. 다섯 4. 여섯 5. 여섯
6. 네 개 7. 여덟 개 8. 여덟 개 9. 한 개예요.
10. 아홉 개예요.

63쪽

2. 세 3. 일곱 4. 다섯 5. 두 십
5. 여섯 7. 아홉 마리예요 8. 열 병이에요

65쪽

		인어공주
약	일기	개
편지		호랑이
사자		선수

66쪽

3. 일기를 썼어요.
4. 창문을 닫았어요.
5. 방을 청소하지 않았어요.
6. 친구를 만났어요.
7. 손을 씻지 않았어요.

67쪽

2. 열두 명 3. 한 개 4. 두 번 5. 20 달라

69쪽

등산을 해요. 목욕을 해요. 비행기 놀이를 해요.

내일	모레
병원	산

70쪽

종이접기를 하	편지를 쓰겠어요.
인형을 사	자선냄비에 내겠어요.

71쪽

다리를 다쳤어요.	배가 고프겠어요.
친구하고 같이 영화를 보겠어요.	맛있겠어요.
아침을 먹지 않았어요.	좋겠어요.
선물을 받았어요.	많이 아프겠어요.
숙제가 많았어요.	재미있겠어요.
어머니가 김밥을 만들었어요.	힘들겠어요.

73쪽 2. 뚱뚱해요 3. 착해요 4. 어때요

5. 어때요 6. 어때요 영화가 재미없어요.

74쪽 2. 착한 3. 뚱뚱한 4. 조용한

2. 예쁜 3. 슬픈 4. 아픈

75쪽 2. 넓은 3. 짧은 4. 높은

1. 맛있는 2. 재미있는 3. 멋있는

1. 노래하는 2. 작은 3. 웃는

76쪽

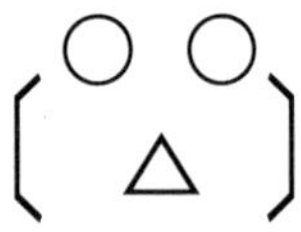

78쪽 2. 나가 3. 입어요 4. 모자 5. 잡아요
6. 바다 7. 봐요

79쪽 1. 보
오
만들고 싶어요.
먹고 싶어요.
마시고 싶어요.
하고 싶어요.
부르고 싶어요.
쓰고 싶어요.
듣고 싶어요.

2. 편지를 부치고 싶어요. — 도서관
책을 읽고 싶어요. — 극장
기차를 타고 싶어요. — 우체국
영화를 보고 싶어요. — 역
비행기를 타고 싶어요. — 공항

80쪽 2. *피노키오를 만나고 싶어요.*
3. *자전거를 사고 싶어요.*
4. *수영을 하고 싶어요.*
5 *생일에 선물을 받고 싶어요.*

82쪽 그네
놀이터
나무

야영해요

설거지 해요
이를 닦아요

83쪽 아니오, 강아지하고 같이 놀아요.
아니오, 혼자 노래를 불러요.
친구하고 같이 수영해요.
동생하고 같이 장난감을 만들어요.

84쪽 에서
에, 에서
놀이터에서 놀아요.
버스에 있어요. 버스에서 책을 읽어요.

86쪽 당근 마늘 감자
칫솔 치약 비누 수건
가수 배우 야구선수

87쪽 2. 책을 읽어
3. 선생님께 물어
4. 노래를 들어
5. 모자를 써 봐요.
6. 예쁘게 웃어 봐요.
7. 선물을 풀어 봐요.

88쪽 2. 오백 원 먹어
3. 이만 원 한 번 신어 봐요.

90쪽 2. 날려요 3. 줄넘기 4. 마술 5. 고쳐요 6. 수영해요

91쪽 2. 탈 수 있어요.
3. 먹을 수 있어요.
4. 할 수 있어요.
5. 칠 수 있어요.
6. 날릴 수 있어요.
7. 쓸 수 있어요.
8. 불 수 있어요.

92쪽 3. 줄넘기를 할 수 있어요.
4. 매운 음식을 먹을 수 없어요.
5. 춤을 출 수 있어요.
6. 컴퓨터를 고칠 수 없어요.

2. 못 해요.
3. 못 만들어요.
4. 못 가요.

94쪽 걸어요 열어요
읽어요 가르쳐요
보여요

95쪽 2. 피자를 사 주세요.
3. 김밥을 만들어 주세요.
4. 태권도를 가르쳐 주세요.
5. 칠판에 크게 써 주세요.
6. 농구공을 빌려주세요.

96쪽 1. 조금만 기다려 주세요.
2. 책을 읽어 주세요.
3. 조용히 해 주세요.
4. 빵을 사 주세요.

97쪽 2. 다 3. 가 4. 라

99쪽 1. 잡아요 2. 낚시해요 3. 잠자리 4. 일기
5. 부쳐요 6. 쳐요 7. 응원을 해요 8. 연극

100쪽 써커스를 보러 가요.
운동을 하러 가요.
쓰레기를 버리러 가요.

강아지를 찾으러 가요.
2. 잠자리를 잡으러 가요.
3. 엽서를 부치러 가요.
4. 응원을 하러 가요.

101쪽 2. 높은데요! 3. 뚱뚱한데요! 4. 큰데요!
5. 귀여운데요! 6. 맛있는데요!

2. 높군요. 3. 뚱뚱하군요. 4. 크군요.
5. 귀엽군요. 6. 맛있군요.

103쪽

어머니께서 청소해요.	문제없어요.
혼자 집을 볼 수 있어요?	텔레비전을 꺼요.
시끄러워요.	도와 드려요.
우유를 가지고 왔어요.	소금을 넣어요.
국이 싱거워요.	식탁 위에 놓아요.

104쪽 도와 드릴까요? 지울까요? 닦을까요?

할까요? 깎을까요? 찍을까요?

105쪽 1. 드릴까요?
2. 볼까요? 나갈까요?

107쪽 1. 이
2. 졸려요.
3. 고장났어요.
4. 시험
5. 비밀

6. 떠들어요.

108쪽 2. 자야 해요. 3. 해야 해요.
4. 씻어야 해요. 5. 고쳐야 해요

2. 가야 해요. 3. 자야 해요.
4. 해야 해요. 5. 고쳐야 해요.

109쪽 2. 들어가지 마세요.
3. 떠들지 마세요.
4. 열지 마세요.
5. 켜지 마세요.

2. 마셔도 3. 앉아도
4. 얘기해도 5. 구경해도

111쪽 달 해 요리사 간호사 말

112쪽 2. 록키 산 높아요.
3. 빛 비행기 빨라요
4. 알래스카가 시카고보다 더 추워요.
5. 자동차가 자전거보다 더 비싸요.

113쪽 1. 수박이 제일 커요.
2. 딸기가 제일 작아요.
3. 수박이 제일 비싸요.
4. 바나나가 제일 싫어요.
5. 포도를 제일 좋아해요.

놀며 배우는 한국말
−Workbook−

편저자 연세대학교 언어연구교육원
한국어교사연수소
펴낸곳 연세대학교 대학출판문화원
주소 서울시 서대문구 연세로 50
전화 02) 2123-3380~2
팩스 02) 2123-8673
ysup@yonsei.ac.kr
http://www.yonsei.ac.kr/press
등록 1955년 10월 13일 제9-60호
인쇄 (주)네오프린텍

2007년 10월 5일 1판 1쇄 2017년 9월 30일 1판 2쇄
ISBN 978-89-7141-806-2
978-89-7141-804-8 (세트)

값 10,000원